reliure traditionnelle 1994

LES BARRICADES EN 1832.

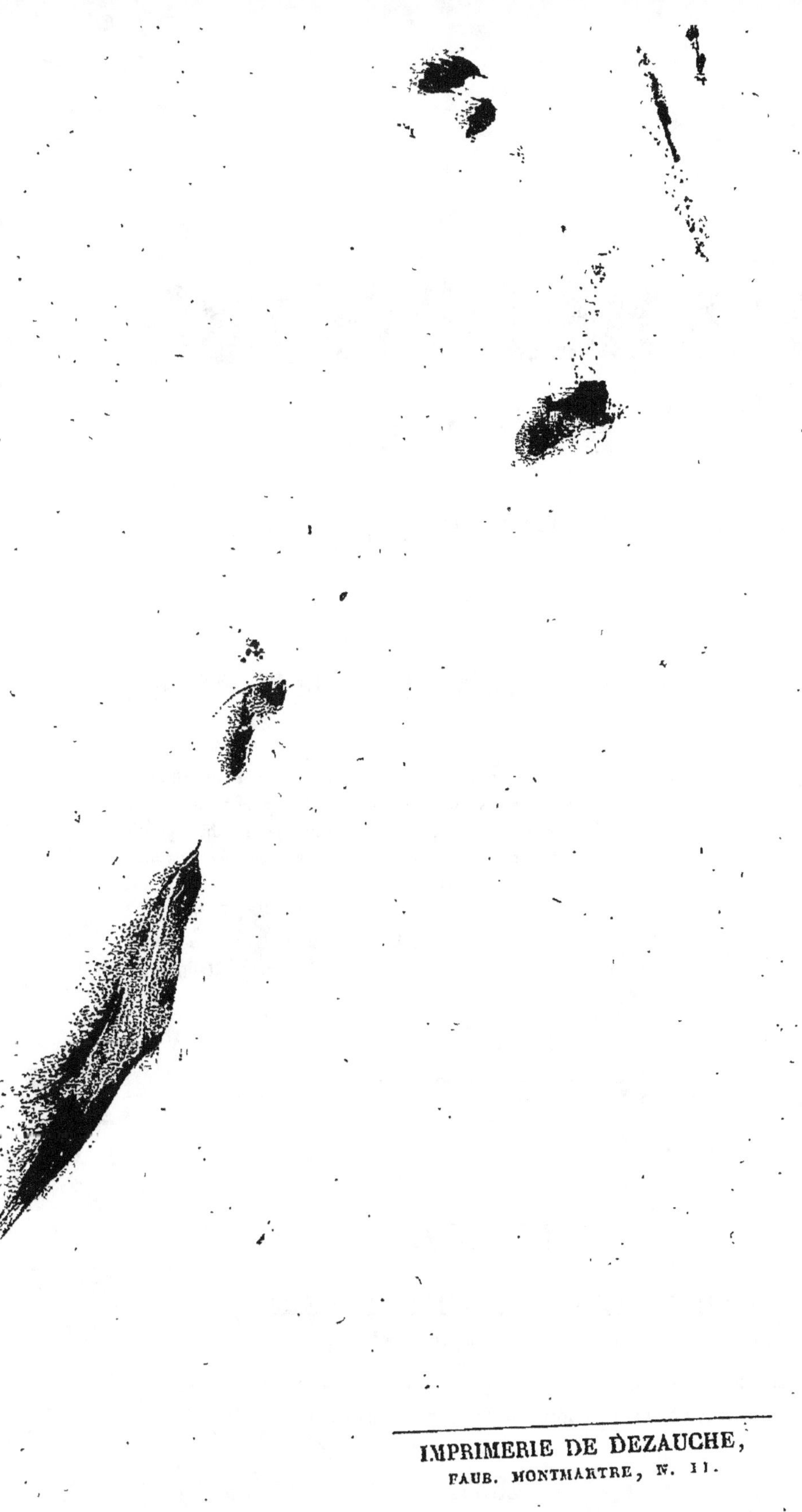

IMPRIMERIE DE DEZAUCHE,
FAUB. MONTMARTRE, N. 11.

LES BARRICADES EN 1832;

PAR ALPHONSE PEPIN, AVOCAT,

AUTEUR D'UNE BROCHURE AYANT POUR TITRE,

DE L'OPPOSITION EN 1831.

> Cette mort donc vous haussa le cœur et vous fit mettre
> aux champs à bannières desployées; vous voulustes faire
> croire aux bonnes Gens que c'estait pour le bien public,
> prétexte que les séditieux et les remueurs de nouvelletez
> ont tousjours pris.
>
> SATYRE MÉNIPPÉE.
> *Harangue de M. d'Aubray pour le Tiers-État.*
> p. 147. (1699)

PARIS.

AU BUREAU DE L'IMPRIMERIE,
FAUBOURG MONTMARTRE, N° 11;

CHEZ DELAUNAY, LIBRAIRE, PALAIS-ROYAL;

ET CHEZ PLANCHE, RUE DE SEINE-SAINT-GERMAIN, N° 24.

1832.

A toi, Georges Farcy, mon noble ami, mort en combattant le 29 juillet; à toi, bon citoyen, homme d'esprit et de cœur; à toi presque seul des victimes de juillet, représentant l'intelligence, la raison, la science. Toi du moins, tu savais pour quelle cause tu donnais ta vie; et le jour où tu as couru aux armes, ce n'était pas pour une liberté aux bras rouges de sang, mais pour la sainte liberté, toute d'amour et de paix; à toi donc, digne champion de la vraie liberté, mort pour elle; Georges Farcy, à toi!

LES BARRICADES
EN 1832.

CASIMIR PÉRIER, LE GÉNÉRAL LAMARQUE.

> Une lutte de convois, une fête de funérailles,
> et pour finir, du sang. Page 13.

La pompe des funérailles de Périer avait irrité l'Opposition : elle s'était indignée de cette ovation funèbre qu'on faisait à celui qu'en 1825 l'Opposition appelait, aussi bien que Foy, du nom de grand citoyen.

Ne pouvant nier l'affluence, au convoi de Périer, l'Opposition a tâché de l'expliquer. Ces vingt mille citoyens en deuil, ces longues files, ce long cortége, tout cela a été commenté par elle, et réduit à la plus misérable analyse ; elle a fait le compte et le décompte des hommes du convoi ; elle a fait la part de l'étiquette, la part de la curiosité, et à travers toutes ces explications et tous ces commentaires il était facile d'apercevoir le dépit et le désappointement.

Or, il fallait à ce parti, qui toujours invoque le saint nom de la liberté, à ce parti toujours

inquiet, toujours avide de désordres et de bou-
leversemens, qui voudrait tous les jours des
trônes à renverser, des états à insurger, il lui
fallait un convoi pour l'opposer à celui de Périer;
et comme, dans ces temps de calamité, ce ne sont
pas les illustres morts qui ont manqué à la France,
des vœux féroces, des désirs horribles ont été
exaucés. On avait guetté les derniers momens
d'un citoyen honorable; on a frémi de joie en
apprenant qu'il était mort, on a mis la main sur
ce mort, on s'est emparé de ce mort, violemment,
comme d'un drapeau, pour rassembler autour ce
que Paris contient de plus ennemi de l'ordre et de
la liberté. Alors, parmi les gens de bien qui n'é-
taient là que pour honorer un général qui avait
combattu glorieusement les ennemis de la France,
se sont montrés ces hommes déplorables qui ne
paraissent jamais que dans les mauvais jours, ces
visages étranges, ces êtres qui ne tiennent à rien,
et toujours prêts à se donner aux partis, quels
qu'ils soient, dont on peut dire, avec raison,
que c'est un coup de fortune pour la société
quand une fois ils servent la bonne cause; et en
présence de ces hommes hurlants et menaçants, à
la vue de ces bannières, de ces symboles affreux,
les plus divers, les plus hétérogènes, en entendant
ces clameurs, ces hourras anarchiques, l'Opposition s'est écriée, dans son ravissement : Voyez
ce convoi populaire; comparez le convoi de
Lamarque à celui de l'impopulaire Périer.

Quoi donc, si un homme qui fut toujours homme de cœur, si un homme qui pouvait être heureux au milieu des avantages que donnent la fortune et la considération dans le monde, vivant sur un passé honorable et sur ses premières années parlementaires si belles d'éloquence et de dévoûment, a préféré les luttes de tribune, les injures des journaux, les outrages de la populace, à une vie tranquille et sans affaires, pour accomplir une œuvre qu'il croit utile à son pays, s'il a pour récompense le mépris, si on lui conteste même la légitimité des honneurs qui lui sont rendus après sa mort, quel homme consciencieux voudra se charger de la responsabilité des affaires publiques?

C. Périer, qui eut le malheur d'encourir la haine de l'Opposition en 1832, l'impopulaire Périer n'était-il pas l'ami, l'associé de pensées et d'opinion du général Foy, de l'homme le plus populaire de France? n'a-t-il pas, comme lui et avec lui, défendu la liberté pendant les jours d'oppression? et, lorsque Foy fût enlevé à la France, ne prit-il pas dignement sa place? ne le vit-on pas soutenir, presque seul, et avec talent, un combat à outrance contre une majorité si puissante par le nombre, luttant jusqu'à tomber de fatigue et d'épuisement pour la cause de l'Opposition? ne prit-il pas une part glorieuse à la révolution de 1830? sa tête ne fut-elle pas mise à prix aussi bien que celle des patriotes les plus exaltés pour avoir protesté contre un pouvoir odieux? ne fut-il pas toujours attaché de cœur et d'esprit aux institutions de 1830? Et, malgré les injures quotidiennes dont on payait tant de services, cette voix éloquente que nous n'entendrons plus laissa-t-elle jamais échapper une parole contraire aux principes qu'il avait soutenus avant et après la révolution de Juillet ?

Qui donc avait changé, de Périer ou bien de l'Opposition ?

Un mot explique tout cela. Il était au pouvoir.

Il est vrai que le jour où il accepta la tâche pénible de diriger les affaires, alors que l'Opposition reculait devant ce lourd fardeau, sentant son incapacité, la fortune publique était en péril, le crédit presque nul, la banqueroute imminente, la guerre probable, les bons effrayés et découragés, les méchans poussant au mal de toutes parts et de mille manières, et la France dégoûtée des hommes et des choses ; il est vrai qu'il consolida le crédit public par sa volonté ferme et par son activité ; il est vrai qu'il remit l'espérance au cœur de tous les amis de l'ordre ; il est vrai qu'en somme il rétablit les affaires de la France ; mais il était homme du pouvoir.

Il est vrai qu'en acceptant le pouvoir il promit à la France de forcer le monde à rendre hommage au principe de Juillet, et il tint parole ; il est vrai qu'il promit encore à la France de forcer le monde à reconnaître l'indépendance de la Belgique, et il tint parole ; il est vrai qu'il promit la paix à la France et au monde, et le jour où la mort l'a frappé, il avait maintenu l'ordre au dedans et la paix à l'extérieur ; il est vrai qu'au bout du compte, en faisant tout cela, il y avait laissé la vie, et il avait assez bien mérité de ses concitoyens ; mais il était homme du pouvoir.

Or, si après tant de services rendus à son pays, un homme doit être impopulaire, qui voudra désormais de la popularité ? car qu'est-ce que la popularité, et quelle popularité persiste et dure avec le pouvoir ?

Faites-vous donc serviles du peuple, comme tant d'autres se font serviles du pouvoir ; caressez ce peuple, afin qu'il vous pousse au pouvoir ; flattez ce peuple, votre idole ; répétez à ce peuple, jusqu'à satiété, que vous voulez son bien, que vous l'aimez, que vous le chérissez ; traînez-vous aux pieds de ce maître, de ce souverain (1), jusqu'à ce qu'il vous ait poussé au pouvoir ; et le jour

(1) Certes le peuple est grand, maintenant que sa tête
    A secoué ses mille freins, etc.

. . . .

Mais c'est pitié de voir à genoux sur sa trace
    Un troupeau de tristes humains
Lui cracher chaque jour tous leurs noms à la face,
    Et ne jamais lâcher ses mains ;
D'entendre autour de lui mille bouches mielleuses,
    Souillant le nom de citoyen,
Lui dire que le sang orne des mains calleuses,
    Et que le rouge lui va bien.

A. BARBIER, Iambes (5).

où vous arriverez au pouvoir, objet de tant de flatteries, de tant de mensonges, de tant d'hypocrisie, vous demanderez compte à ce peuple de votre popularité; vous verrez ce qu'il aura fait de votre popularité.

Le général Lamarque est mort populaire ! mais c'est qu'il ne fut jamais au pouvoir , car, là où commence le pouvoir , là finit ce que le vulgaire nomme la popularité.

C'est qu'il y a deux popularités. L'une qui ne s'acquiert et ne se conserve que par une résistance opiniâtre et de tous les momens au pouvoir , quel qu'il soit , et par cela seul qu'il est pouvoir ; l'autre , qui s'appuie sur l'assentiment de tous les esprits sages et éclairés , amis de ce qui est beau et vraiment digne de notre estime , et Périer aussi-bien que Foy , dut toujours compter sur celle-là. Le concours immense des bons citoyens à ses funérailles fut un hommage rendu à son patriotisme , et sa place était marquée d'avance à côté de Foy le patriote pur , le grand citoyen.

Mais, à ces funérailles paisibles, à ce cortége qui s'était écoulé avec ordre et dans le recueillement, la faction voulut opposer d'autres funérailles , qu'elle appela populaires , c'est-à-dire désordonnées , séditieuses , anarchiques ; et en vérité la différence était grande ; en vérité le contraste était immense , et on pouvait le prévoir à l'inspection du cortége.

Alors, comme à d'autres époques de gaîté et de

bonheur, où les hommes luttaient de fêtes et de sérénades, à cette époque lugubre et sombre, les partis engagèrent une lutte de convois. Une lutte de convois, une fête de funérailles, et pour finir, du sang ! Spectacle horrible, que les ligueurs avaient préparé à grands frais, pour punir toute une ville des honneurs par elle rendus tout récemment à un grand citoyen !

Ce n'était pas assez que la mort se fût promenée tant de fois dans cette ville, peu de semaines auparavant, il fallait encore lui livrer ce qui avait échappé à la contagion ; et ces hommes qu'on assassinait dans les rues, c'étaient les mêmes qui avaient combattu pour les lois en 1830, et qui avaient appris à ceux-ci comment on fait des Barricades ; et ces bourgeois qu'on emportait sanglans par les places publiques, c'étaient ceux dont la poitrine était décorée pour avoir défendu la Charte : imitation coupable d'une lutte glorieuse, affreuse parodie d'une guerre juste et légitime ! « O feste mémorable des Barricades, que tes féries et tes octaves sont longues (1). »

Pour un mort, combien de morts ! pour un convoi, combien d'autres convois ! Des pavés ensanglantés, des maisons criblées de balles, des Français égorgés par des Français, c'était la suite de ce cortége, et le matin même l'Opposition montrait ce cortége insolemment, et cette vue lui

(1) Satyre Ménippée, p. 158.

haussait le cœur, et elle s'écriait dans son ravissement : « Voyez ce convoi populaire ; comparez
« le convoi de Lamarque à celui de l'impopulaire
« Périer. »

PARODIES SANGLANTES.

VENDÉE. — RÉPUBLIQUE.

> Si je recule, tuez-moi; si je meurs, vengez moi.
>
> *Paroles de* La Rochejaquelein,
> *en Vendée*, 93.

> Que demande le peuple, dit le Président à Henriot? — Le peuple demande vingt-quatre coupables.
> — « Qu'on nous livre tous, répondirent les Girondins. »
>
> (2 *Juin*, 93.)

Il y a quarante ans, ceux qui voulaient la république, aussi bien que ceux qui voulaient la royauté, avaient foi à quelque chose, et tous étaient fidèles à leur serment, et tous étaient prêts à le sceller de leur sang. Alors chefs et soldats couraient ensemble à la mort; alors chefs et soldats tombaient au pied de leur drapeau, sans reculer d'un pas, car tous croyaient également, les uns à la république, les autres à la royauté.

Pour ceux qui savent mourir pour leur croyance, pour ceux qui embrassent une cause sans arrière-pensée, sans porte secrète, c'était un beau temps que celui d'il y a quarante ans. C'était une époque d'honneur et de dévouement, que celle de la première révolution. Que de héros dans cette Vendée !

Que d'âmes nobles et fières sous cette république!
Certes les ennemis de la France ont dû trembler
le jour où de tels hommes se sont rués sur eux
pour les châtier d'avoir osé se mêler de leurs affaires.

Mais en 1832, lorsque la société s'en va faute
de croyances, au dire de chacun, lorsqu'on ne croit
plus ni à la république ni à la royauté, lorsque
tous ne sont occupés que d'une affaire, celle du
bien être et du bien vivre, n'embrassant qu'à regret
et le plus souvent par amour-propre, tel ou tel parti
politique, se moquant, aufond, de bien des choses
pour lesquelles mouraient nos pères (1), il y a
quarante ans. Quelles tristes parodies que celles
qu'on a voulu jouer aujourd'hui sous nos yeux!

Pourquoi donc cet appel au temps passé? Pourquoi ces drapeaux, ces bannières de toutes cou-
leurs? Pourquoi ces formes vieillies qu'on tâche
inutilement de rajeunir? Pourquoi ces cris de
ralliement mis à l'ordre du jour en 1832, lorsque
la société n'a plus de cœur à tout cela, lorsque la
société ne sent plus tout cela que par souvenir ou
par tradition.

Ils sont bien coupables ceux qui ont médité de
sang-froid de pareilles scènes, bien cruels ceux
qui, de sang-froid, ont voulu soulever des masses
pour des idées stériles et passées de mode, aux-

(1) Aujourd'hui, les Conventionnels sont devenus comtes, et
les Émigrés chambellans.

quelles ils ne croient pas eux-mêmes; bien dignes de châtiment ceux qui ont voulu exploiter à leur profit le courage de quelques-uns, assez ignorans et assez simples pour croire possible, en 1832, ce qu'on avait fait un jour, alors qu'il y avait une foi.

Donc, châtiment pour ces hommes, quels qu'ils soient, qui ont tenu et qui tiennent encore les fils de ces noires intrigues; châtiment pour ces hommes, quels qu'ils soient, qui se cachent bien loin derrière ceux qu'ils envoient aux balles et à la mitraille. Pitié pour ces malheureux, toujours victimes, toujours sacrifiés, qui ne savent rien, ne connaissent rien, et qui ignorent toujours la main qui les conduit.

Lorsqu'en 93 les Vendéens combattaient pour la cause à laquelle ils avaient voué leur vie et leur sang, les chefs vendéens étaient les plus courageux de tous; ils marchaient les premiers au combat; ils doublaient le courage des populations qu'ils entraînaient par leur exemple, et ils propageaient leur foi de province en province.

En 1832, les fils des Vendéens morts pour la cause royale en 93, les fils des Vendéens égarés par des hommes perfides, éternels ennemis de la France, se soulèvent encore; mais où sont les chefs pour les guider? où sont les chefs pour animer leur courage? Ces chefs, car il y en a, quels sont-ils, pour que les fidèles puissent les reconnaître à leurs panaches? Ces chefs, qui remuent ciel et terre, qui menacent la France de leur vaillante épée, on ne les voit jamais, on ne les rencontre jamais, on les trouve seulement par hasard, et cachés; et cependant ceux qu'ils ont soulevés sont des Français, qui vont à la mort pour eux, et leurs adversaires sont aussi des Français qui vont à la mort à cause d'eux.

C'était donc une cruauté bien inutile que cette levée de boucliers en 1832; c'était du sang versé en pure perte; c'était une sanglante parodie du drame de la Vendée.

En 93, quand les hommes enthousiastes qui les premiers avaient proclamé l'indépendance de leur patrie (1), qui avaient juré de mourir pour la ré-publique, à laquelle ils croyaient, quand ces hom-mes devenaient à leur tour victimes des partis qui les avaient dépassés, lorsque la Gironde était dé-vorée par la Montagne, lorsqu'on faisait, après le 31 mai, la Terreur contre les modérés de la répu-blique, comme on avait fait après le 10 août, la république contre les constitutionnels, ils ne recu-laient pas devant les conséquences logiques des principes qu'ils avaient proclamés, ils ne se ca-chaient pas, ils ne fuyaient ni devant les ennemis extérieurs, ni devant les ennemis intérieurs, ni devant les puissances alliées, ni devant les hordes des sans-culottes; ils ne travaillaient pas dans l'ombre à ourdir des conspirations, mais ils de-

____

(1) Vergniaud, Gensonné, Ducos, Fonfrède, etc.

meuraient fièrement à leur poste et en présence des séditions ; mais ils prenaient leurs places à l'assemblée comme dans les temps de calme , sans être effrayés ni des cris de mort , ni du bruit du canon ; et comme ils avaient foi à la république , leurs dernières paroles étaient encore pour la république qui les envoyait à la mort , pour la république qui les poussait à l'échaffaud ; et quand le peuple demandait quelques têtes , ils répondaient : « Qu'on nous livre tous » ; et ils mouraient tous ensemble.

Mais en 1832 c'était un grand crime que cette insurrection lâchement préparée pour une république impossible , c'était quelque chose de perfide , que tous ces discours en l'honneur de la république , froidement débités par des hommes sans croyances , pour exciter quelques hommes enthousiastes par jeunesse ou par tradition. C'était une imitation inutilement féroce du sanglant drame de la république.

En 93, les chefs de chaque parti bravaient la mort sans crainte , les uns sur les champs de bataille , les autres en face de la hache révolutionnaire : en 1832 , tous cachés , tous reniant la sédition qui est leur ouvrage , protestent de leur innocence , lorsqu'ils ont préparé les armes , lorsqu'ils ont donné le signal du combat.

Voilà donc ces héros qui veulent aujourd'hui singer la grande révolution , voilà donc ces héros qui ont la parole si haute et le cœur si petit : ils fuyent sans combattre , et ils prétendent encore nous effrayer en nous parlant des masses qu'ils peuvent remuer quand ils voudront. Charlatans qui ne font plus peur même aux enfans, tyrans sans puissance , fats se disant populaires , et disposant de peu , si ce n'était quelques insensés ou quelques bandes sans aveu qui sont toujours à tout le monde.

Ces journées des 5 et 6 juin , cette boucherie froidement calculée , ces expériences tentées , ces essais respectifs des forces de chaque parti , voilà ce que nous promettaient les ligueurs de gauche et de droite , si audacieux lorsqu'on les ménage , si insolens lorsqu'on les oublie parcequ'on les méprise , si humbles , si rapetissés lorsqu'on fait mine de leur imposer silence.

Ceux - ci se donnent pour dévorés du saint amour de la liberté , et ils compromettent chaque jour , ils violent chaque jour la liberté , et quand vient l'heure de l'épreuve et du dévoûment, il n'ont plus une goutte de sang à verser pour ce qu'ils nomment la liberté.

Ceux-là se disent les défenseurs du trône légitime , et ils ont laissé reconduire leurs princes légitimes jusqu'à la frontière , sans faire la moindre résistance , sans brûler une amorce : ils ont juré de combattre pour amener le retour de leurs princes légitimes , et c'est dans les caves de leurs châteaux qu'il faut que nos soldats aillent chercher ces braves.

Et tous, à Paris comme en Vendée, républicains et Vendéens, travaillent ensemble au bien de leur patrie; tous prennent pour devise : « Tout par la France, tout pour la France », ce qui signifie toujours : « Tout par le malheur de la France, tout pour le malheur de la France. »

Mais ils furent bien trompés dans leurs folles espérances. Au jour du danger, les citoyens amis de l'ordre et de la liberté ont protégé les lois et la monarchie par eux élevée en Juillet : ces bourgeois, ces boutiquiers, la veille si pacifiques, ont fait voir qu'ils savaient encore respirer la fumée de la poudre; ils étaient animés par la vue de ce Roi qui venait se mettre au milieu d'eux, ne reculant pas devant les balles, courageux à Paris comme à Jemmapes.

Et malgré les manœuvres de ceux qui ont voulu parodier aussi les Barricades de 1830, s'efforçant de persuader aux crédules que les Barricades de 1832 étaient aussi saintes et légitimes que les Barricades en 1830, et qu'il était juste et beau de renverser les lois en 1832 parce qu'on avait combattu pour les lois en 1830, la monarchie de Juillet est restée ferme et inébranlable. Elle avait reçu le baptême du peuple en 1830, elle fut glorieusement confirmée par le peuple et aux acclamations de toute une ville, répétées avec enthousiasme par toute la France, de hameaux en hameaux.

Il court ici un bruit mauvais et sourd qu'il y
avait aucun d'entre vous fauteurs et complices de
ce malheureux coup.

(*Journal du règne de Henri IV*,
par *l'Étoile*, page 233.)

Ces hommes dont le métier est d'appeler chaque jour à la révolte, dont l'étude journalière est de désorganiser la société, qui parlent pour la liberté à tout propos, qui répètent jusqu'à satiété des phrases toutes faites depuis quarante ans sur la liberté, qui pleurent hypocritement sur le sort de la liberté en présence d'un peuple le plus libre de la terre, ces hommes qui trop long-temps ont abusé de la patience et de la douceur du pouvoir qu'ils appelaient tyrannique, alors même que ce pouvoir laissait le champ libre à toute cette sensiblerie démocrate, à tout ce fatras déclamatoire; ces hommes enfin commencèrent à trembler le jour où le pouvoir fut contraint de déployer de la vigueur; et quand ils ont vu le glaive de la Justice suspendu sur les coupables, comme ils se sentaient coupables, ils se sont disculpés; ils ont fait des quasi-rétractations, des professions de foi, comme ils en font souvent, comme ils en font toujours, quitte à se rétracter encore lorsque le moment critique sera passé; ils se sont hâtés de dire, bien avant qu'on ne les accusât, ne croyez pas que nous soyons coupables des excès des 5 et 6 juin.

Ainsi les bons pères de la Société de Jésus, qui enseignaient à leurs élèves qu'on pouvait tuer les rois pour le bien de la religion; ainsi les dignes prêtres qui endoctrinaient Jean Châtel et Ravaillac, soutenaient aussi qu'ils n'étaient pas coupables, et on n'avait jamais la preuve matérielle de leurs crimes, et on ne trouvait jamais les traces de leur culpabilité.

Vous n'avez pas distribué les armes, ni affilé les poignards, ni préparé les cartouches; vous n'avez pas forcé les postes, ni dépavé les rues, ni élevé les Barricades, peut-être.

Ce n'est pas vous, qui le matin du convoi, donniez le mot d'ordre en faisant passer de main en main le portrait du *grand Robespierre*; ce n'est pas vous qui portiez la bannière de la république; vous n'étiez pas coiffés du bonnet rouge; vous n'avez pas poussé des vociférations anarchiques et des cris de mort. Peut-être n'est-ce pas vous qui avez assassiné les citoyens, qui tiriez des coups de fusil du haut des fenêtres ou derrière les Barricades; de même que les bons pères de la Société de Jésus ne donnaient pas non plus des coups de poignards, ne se chargeaient pas non plus d'administrer le poison, d'assassiner leurs ennemis; mais ils faisaient assassiner, mais ils instruisaient les assassins.

Or, comme il n'y a jamais que le fait matériel qui puisse être saisissable, vous, comme les bons pères de la Société de Jésus, vous ne comparaîtrez pas en Justice, vous ne serez point jugés devant un tribunal, mais vous seuls pourtant êtes les auteurs de tous ces crimes, vous seuls êtes la cause de tous ces malheurs.

Vous n'avez pas mis la main aux Barricades, peut-être : mais lorsque vous avez renié la Charte par vous jurée en 1830, l'appelant aujourd'hui une œuvre informe ; lorsque vous avez contesté la monarchie élevée par vous en Juillet (1) et aux acclamations de tout un peuple ; alors que pas un de vous ne disait un mot pour la république ; lorsque vous avez crié jusque sur les toits que le peuple voulait les assemblées primaires, qu'il fallait au peuple le suffrage universel (2), alors que ce peuple ne voulait autre chose que du travail, ne demandait autre chose que le calme, afin d'avoir du travail ; lorsque vous avez cherché, par toute

(1) Dans la crise actuelle, il nous a paru convenable d'élever un autre trône national, et je dois dire que mon vœu pour le prince s'est fortifié davantage lorsque je l'ai connu.

(LAFAYETTE, Chambre des Députés, 8 août 1830.)

(2) Une douzaine d'hommes se chargeront d'installer la révolution de Juillet.

(*National*, 23 avril 1832.)

sorte de moyens, à démonétiser ce Roi si bon, ce Roi qui aime et veut la liberté (1), ce Roi jaloux du bonheur de la France; lorsque vous avez semé les rues de vos hideuses caricatures, sacrifiant jusqu'aux souvenirs patriotiques de la France, parce que ce Roi se glorifie d'avoir pris part à quelques-unes de nos belles journées; lorsque vous avez fait des associations contre la Charte et contre la monarchie de Juillet; lorsque vous avez menacé les jurés qui vous jugeaient, pour les forcer de vous absoudre; lorsque vous avez applaudi ceux qui insultaient la magistrature en plein tribunal; lorsqu'après avoir fatigué de vos éloges les hommes qui combattaient pour les lois en 1830, vous avez insulté les hommes d'honneur qui défendaient encore les lois en 1831 et en 1832; lorsque vous avez voulu jeter la haine et la discorde entre le peuple et l'armée; lorsque vous avez souillé les murs et nos maisons de vos proclamations anonymes et lâchement glissées dans l'ombre, afin de soulever le peuple contre le Roi élu par le peuple, et qui ne craint ni vos proclamations ni vos poignards ni vos balles; lorsque vous avez calomnié tous les actes les plus patriotiques de la monarchie de Juillet, les accusant de n'avoir été faits que dans

(1) La France sait que le lieutenant-général du royaume, appelé par la Chambre, fut un des jeunes patriotes de 89, un des premiers généraux qui firent triompher le drapeau tricolore.

(LAFAYETTE, aux citoyens de Paris, 31 juillet 1830.)

un intérêt de dynastie ; lorsque vous vous êtes mis entre le Roi et le peuple, travaillant sans relâche à séparer le peuple du Roi ; lorsque vous vous êtes vantés de tenir un registre journalier de chaque émeute, de chaque insurrection par vous commandée, par vous amplifiée ; lorsque, par vos déclamations mensongères et froidement frénétiques, vous avez excité à la révolte, des âmes généreuses et encore dans l'âge de l'enthousiasme et des illusions, vous qui ne croyez à rien, qui n'avez d'amour ni d'enthousiasme pour rien ; lorsque vous avez énivré de fanatisme et de haine ces jeunes hommes, faits pour aimer, égarés, abusés par vos paroles sans foi ; lorsque vous avez encouragé l'émeute, loué l'émeute pillant les boutiques, violant les églises, empêchant les ouvriers laborieux de travailler ; lorsque vous avez insulté (1) et traité d'illégitime une Chambre qui a osé ne pas vouloir de vous, et que vous aviez cependant reconnue (2) d'abord pour légitime, le jour où vous avez cru qu'elle serait pour vous ; lorsque vous avez tenu des conciliabules remettant en

(1) Il s'est trouvé de deux à trois cents hommes pétris de toute l'ignorance et de toute la pusillanimité désirables.

(*National*, 20 avril 1832.)

(2) Vous êtes dans une chambre légalement constituée, vous êtes la représentation propre de la révolution de juillet, vous pouvez compter sur la confiance du pays.

(Chambre des Députés, 11 août 1831. M. O. Barrot.)

question la monarchie de Juillet ; lorsque vous
avez nié , outragé , foulé aux pieds toutes les lois
dans des assemblées délibérantes extra-légales et
extra-parlementaires , faisant des protestations ,
des professions de foi, des déclarations, des comp-
tes-rendus , tout cela en dehors des pouvoirs légitimes, tout cela sans motif , sans prétexte , et
laissant entrevoir votre regret de ce que les circonstances n'étaient pas encore assez graves ; lorsque vous avez injurié , calomnié , honni et désigné
aux anarchistes les hommes consciencieux qui
s'étaient associés corps et âme , à un ordre de
choses créé par la France et pour la France en
Juillet ; lorsque chaque jour, depuis vingt mois ,
vous n'avez cessé de faire des appels au peuple, et
de mille manières , à la tribune , dans vos journaux , dans des pamphlets et dans les rues, criant
au peuple que la patrie était en danger , alors
que la liberté n'était compromise que par vous ,
alors que la société n'était troublée que par vous ;
et lorsqu'en dernier lieu vous vous êtes faits les
ordonnateurs d'un convoi fatal , lorsque vous vous
êtes chargés d'en composer le cortége , lorsque
c'est vous qui avez fait les convocations, n'êtes-
vous pas responsables des désordres causés par
les hommes invités à cette horrible fête , par vous
seuls commandés, par vous seuls dirigés ? la société
n'est-elle pas en droit de vous demander compte
de tant de sang français versé par des Français, à
cause de vous , et n'êtes-vous pas les premiers

auteurs de tant d'assassinats sur des citoyens paisibles et amis de l'ordre , et qui vous ont prouvé
qu'on peut être ami de l'ordre sans cesser d'être
courageux , qu'on peut être partisan d'un système
de modération , sans pour cela craindre les balles,
sans jamais fuir , ni reculer devant les anarchistes ?

CE QUE C'EST APRÈS TOUT QUE CE SYSTÈME.

Les *politiques*, que l'on estimait de pire condition que le huguenot, parce qu'ils plaidoyent
pour la paix.

(*Recherches de* PASQUIER, liv. 8, ch. 55.)

Or l'Opposition, que la victoire du Juste-Milieu
avait d'abord frappée de terreur, s'est ravisée depuis; elle a voulu tout rejeter sur le système du 13
mars et sur ses partisans. Mais après la défaite
des anarchistes, l'enthousiasme universel des citoyens et des soldats pour la monarchie, malgré
le système du 13 mars, a été encore un éclatant
démenti donné à l'Opposition et à toutes ses prévisions et prophéties; il est du moins resté présu-
mable que ce système avait pour lui une assez
grande majorité.

Ce système donc, qu'on appelle système du
13 mars, si violemment attaqué par l'Opposition,
quel est-il? A vrai dire, est-ce bien un système?
Y a-t-il un système du 13 mars? En d'autres termes,
le système qu'on appelle ainsi appartient-il à
Périer?

S'il était vrai que le système du 13 mars appar-
tînt uniquement à l'homme que la France re-
grette aujourd'hui, quelque bon que fût ce système, il serait peu rationnel de vouloir le main-

tenir *à priori* et sans un mûr examen , car ce qui est personnel est variable , et ce qui était bon hier peut être fort mauvais demain , si l'homme n'est plus là pour vivifier la pensée qui lui est personnelle.

L'empire de Charlemagne dépérit aux mains de ses successeurs , son système s'écroula , car c'était le système d'un seul homme. Richelieu étant mort, la France fut livrée aux dissentions et au chaos , parce que son système , qui avait maintenu l'équilibre pendant assez long-temps , n'avait d'existence qu'avec Richelieu et par Richelieu.

Mais le système du 13 mars, qui dure encore malgré la maladie et la mort de Périer, soutenu énergiquement en 1832 par la garde nationale tout entière , c'est-à-dire par le peuple , pouvait-il appartenir à Périer seulement?

En politique, l'homme supérieur est peut-être celui qui a le plus de l'esprit général de son siècle ; c'est celui qui possède le mieux la faculté de résumer les volontés individuelles et les besoins de tous , sachant les diriger vers un centre d'action , c'est le metteur en œuvre de la pensée qui se trouve être le plus universelle.

Ainsi, quand Napoléon vint, la France était lasse de la république et de toutes ces assemblées qui se succédaient de plus en plus faibles , de plus en plus méprisées. Une pensée était alors au cœur de tous les Français, c'était la haine de l'étranger, le besoin d'énergie ; Napoléon comprit la volonté obscure de la France ; il développa, il féconda cette volonté à laquelle il s'associa merveilleusement, en sachant imprimer son énergique personalité à l'esprit général, il nous donna la gloire, et il est certain qu'à cette époque l'esprit de conquête était le besoin de la nation.

Plus tard nous fûmes las de la guerre, et en 1815, ce fut moins l'invasion, que le dégoût des Français pour la guerre, qui fit tomber Napoléon.

Après avoir voulu la gloire, nous voulûmes la liberté, et, comme Napoléon avait seul persisté avec l'esprit guerrier, qui n'était plus partagé par la majorité, Napoléon et son génie disparurent pour faire place à l'esprit de liberté.

Les princes que l'invasion nous avait imposés, tombèrent précisément pour avoir méconnu cet esprit.

Or, après la révolution de Juillet 1830, nous avions la liberté, la liberté la plus large qu'un peuple puisse désirer, s'il aime franchement la liberté. Un prince que la France avait choisi par un élan universel et spontané, un prince que nous avions vu toujours attaché à nos institutions, était la meilleure des garanties pour le maintien de cette liberté. Que manquait-il donc à la France pour être heureuse après le mois de juillet 1830.

Il faut le dire, la révolution de Juillet, quelqu'admirable qu'elle soit, quelque pure qu'elle se soit montrée d'excès et de désordres, avait été si brusque et si imprévue, on avait si peu cru à la possibilité des ordonnances, tant d'aveuglement, tant de stupidité étaient si peu croyables, qu'on n'y était nullement préparé, et que ces trois jours de révolution, où tout était resté dans les limites de la légalité, avaient suffi pour porter le plus grand coup au crédit public; et, comme celui qui, après un effort violent, est aussi fatigué que s'il avait marché l'espace de plusieurs lieues, après trois jours de révolution la France fut ébranlée jusque dans ses fondemens. Un malaise général et grave fut la suite de cette commotion. Bientôt le nouvel ordre de choses trouva des opposans, et parmi ceux qui avaient perdu à la révolution, et parmi ceux qui n'y avaient rien gagné. Les mécontens accusèrent le pouvoir de ne rien faire pour le peuple; le pouvoir faiblit devant l'émeute, le commerce dépérit de jour en jour, faute de confiance dans le pouvoir; les partis s'organisèrent; on spécula de part et d'autre sur un système d'opposition au moyen duquel on espérait arriver au renversement de ce qui était.

On offrit le pouvoir à l'Opposition qui refusa, donnant pour motif qu'elle craignait de se compromettre. Périer seul ne recula pas devant une tâche pénible; il ne désespéra pas de la patrie; il se mit à l'œuvre en homme de cœur, et bientôt les choses commencèrent à s'améliorer, le crédit public se rétablit, le pouvoir fortifié par une volonté ferme et active inspira la confiance, l'ordre fut maintenu au-dedans et la paix à l'extérieur.

Sans doute, pour entreprendre cette tâche, il fallait du courage ; sans doute, pour faire entendre raison aux esprits abusés par de dangereuses influences, il fallait du talent ; pour imposer silence aux brouillons et aux déclamateurs, alors que le pouvoir était contesté à chaque pas, il fallait de la force, et Périer avait tout cela ; mais son plus grand mérite fut d'avoir compris la pensée de la société à cette époque, et d'y avoir apposé le sceau de sa volonté.

Or, quelle était cette pensée, ou plutôt ce besoin ? C'était évidemment une pensée d'ordre et de paix, pensée qui était nécessairement la conséquence de la révolution de Juillet, puisque, par cette révolution, la France avait obtenu ce qu'elle demandait depuis quinze ans. Conserver ce qu'elle avait acquis, était son unique besoin, et, pour cela, il fallait l'ordre, et elle ne pouvait y arriver qu'avec l'ordre, qui est la condition même du progrès ; et ceux-là seuls, qui ont voulu le contraire, n'ont jamais compris quel était le besoin de la société. Ordre et conservation, voilà le système du 13 mars, voilà tout le secret du Juste-Milieu. Ce n'était pas Périer qui avait trouvé cela (1) ; mais il a réalisé la pensée de la société :

(1) Conserver la bonne intelligence avec l'Europe et prévenir tout ce qui pourrait la troubler, tel est le devoir et le vœu des hommes auxquels le Roi a confié l'administration du royaume.

(M. Lafite. Chambre des Députés, 3 novembre 1830.)

il a voulu, avec intelligence, ce que la société voulait d'une manière obscure, il a éclairci et dirigé la pensée de la société. Et il est évident que, malgré toute la force de Périer, malgré toute la puissance de son talent, si sa pensée n'eût été qu'une pensée individuelle, si les gardes nationaux ne l'eussent pas secondé, en soutenant de leurs baïonnettes et contre l'anarchie dans les rues ce qu'il proclamait à la tribune et en face des nations, le système du 13 mars n'aurait pas même duré jusqu'en 1832.

En résumé, ce qu'on appelle le système du 13 mars, n'est point un système individuel, puisqu'il est l'énonciation, la manifestation d'une manière d'être de la société ; ce n'est donc pas non plus le système du 13 mars plus que du 7 août, puisque la société était au 13 mars ce qu'elle était au 7 août (1), mais c'est la mise en action de la pensée de la société, c'est le besoin formulé de tout un peuple.

La lutte continuelle du Juste-Milieu et de l'Opposition, c'est la lutte de ces deux principes, la paix et la guerre. La paix au-dedans et à l'extérieur, c'est-à-dire l'ordre ; la guerre au-dedans et à l'extérieur, c'est-à-dire la désorganisation.

Et si, en dernière analyse, la majorité, c'est-à-dire les Chambres, la garde nationale et l'ar-

(1) Plus, la connaissance de certaines choses, et le dégoût pour certains hommes.

mée, c'est-à-dire la société, s'est rangée du côté
du premier principe, à savoir la paix, non-seule-
ment à compter du 13 mars, mais depuis la révolution de Juillet, en prêtant toujours assistance
au pouvoir qui marchait dans cette voie (1); soutenir aujourd'hui que le système du 13 mars, qui
était un système d'ordre et de paix, a pu être la
cause des derniers malheurs, ce serait dire que
la société, qui avait mis la main au système du
13 mars, symbole de sa pensée bien avant le
13 mars, a eu tort d'avoir cette pensée ou plutôt
ce besoin, c'est-à-dire, a eu tort d'être ce qu'elle
est; et qu'au contraire, l'Opposition, c'est-à-dire
la minorité, c'est-à-dire le parti de la désorganisation, a bien fait de vouloir châtier en 1832
cette pensée de la société, ou plutôt cette manière d'être que l'Opposition avait d'abord niée
en 1830, et qu'il était juste et beau de porter la
guerre au sein de cette société, pour la punir
d'avoir voulu, en 1832, ce qu'elle voulait en
1830 (2).

(1) Vous avez sauvé vos libertés, vous m'avez appelé à vous
gouverner selon les lois... C'est à moi de faire respecter l'ordre
légal que vous avez conquis. Obéissez donc aux lois en vigueur;
la raison politique le proclame, la sûreté de l'État le commande.
Liberté, ordre public, que ce soit le spectacle qu'offre la France
à l'Europe!
15 août 1830.
(Proclamation du Roi. Contresignée Dupont-de-l'Eure.)
(2) La population veut des garanties, mais elle ne demande
pas autre chose.
(Discours de Benjamin-Constant, 2 août 1831.)

Or, la société a défendu le principe qui était l'expression de sa pensée, et elle a donné une assez bonne leçon aux hommes qui avaient osé l'attaquer les armes à la main et à force ouverte, elle a fait repentir ceux qui avaient voulu mettre à l'ordre du jour un passé antipathique avec nos mœurs, et impossible dans l'état actuel des choses.

> Les *politiques* qui sont encoré plus de
> seize dedans Paris.
>
> (Satyre Ménippée, p. 2.)

Ce système contre lequel s'escrime journelle-
ment l'Opposition, ce système attaqué par les
fanfarons et les faux braves, ce Juste-Milieu dont
on fait honte aux amours-propres chatouilleux,
mal compris de beaucoup de gens, qui au fond,
veulent bien de la chose sans le mot, est-il donc
incompatible avec l'honneur, avec la gloire? Il est
vrai que les derniers événemens furent une ré-
ponse énergique à ces puérilités, à ces plaisante-
ries déjà usées et passées de mode; il est vrai qu'à
la fin de la bataille, les rieurs n'étaient pas du
côté des plaisans; mais ne s'est-il pas déjà rencon-
tré dans le monde et même en France, une époque glorieuse avec un système modéré? Le Juste-
Milieu qu'on accuse aujourd'hui de faiblesse et de
pusillanimité, n'a-t-il pas quelquefois porté no-
blement une épée assez redoutée de ses ennemis,
bien qu'il se plût à la garder dans le fourreau?
N'a-t-il pas eu autrefois une allure fière bien que

pacifique, un regard assuré quoique bienveillant et que personne n'aurait voulu braver ?

Vers la fin du XVIe siècle, quand la France était déchirée par la guerre civile, quand les assassinats, les empoisonnemens et les massacres étaient légitimes et saints s'ils avaient pour cause la religion, un homme de génie s'est trouvé, qui a compris l'erreur et la folie de ses contemporains. Philosophe et humain, il entreprit la tâche de remédier à tant de souffrances, de fermer quelques plaies, de faire une fusion de toutes les opinions, de réunir les partis.

Cet homme de génie, c'était Henri IV. Bien supérieur à son siècle, qu'il devança de bien des années, éminemment supérieur, d'autant plus qu'il s'agissait alors de religion, et les haines de religion sont peut-être les plus implacables de toutes les haines !

D'un côté les Huguenots, de l'autre les Catholiques, tous se haïssant, se guerroyant, et puis l'Union, et puis les Papes, et les Ligues de toute sorte ; Henri eut à vaincre tout cela pour régner après tout sur une majorité catholique, lui huguenot.

Il est vrai qu'après tant de guerres longues et cruelles, au dedans et au dehors, déjà certains esprits n'étaient pas éloignés d'une pacification, d'un accommodement. Henri sut comprendre ce besoin d'une société souffrante ; il fit tous ses efforts pour aider le rapprochement des partis.

Alors, autour de lui se réunirent tous ceux qui étaient las de guerres civiles et qui avaient soif de repos. Ils formèrent un troisième parti, qui se composait des Huguenots politiques, c'est-à-dire modérés, des Catholiques politiques, c'est-à-dire modérés ; on l'appela le parti des Politiques. Henri s'étant mis à la tête de ce parti, triompha de la Ligue, rétablit les affaires de France, et maintint jusqu'à sa mort la paix au dedans et à l'extérieur.

Or, ne peut-on pas faire ici un rapprochement?

Ce parti des politiques, c'est-à-dire des modérés, voulant la réunion des partis, et à cause de cela, en but à la haine des exaltés des autres partis ; les Huguenots d'une part, accusant le Roi de ne rien faire pour eux ; les Catholiques d'autre part, ne voulant pas reconnaître ce Roi huguenot ; tous ligués contre le Roi, sous prétexte du bien public (1); qu'est-ce autre chose que les modérés de 1832 et les exaltés de 1832.

Ces politiques de 1589 ne voulant plus de guerre, et se serrant autour du Roi, qu'ils regardaient comme la seule garantie de bonheur pour la France, qu'est-ce autre chose que les constitutionnels croyant la paix nécessaire en 1832, et

---

(1) En vistes vous jamais d'autres, de ceux qui ont aspiré à la domination tyrannique sur le peuple, qui n'ayent tousjours pris quelque tiltre spécieux de bien public? Et toutesfois, leur intérest particulier a marché devant.

(Satyre Ménippée. Harangue de M. D'Aubray, p. 185.)

se serrant de même autour du Roi des Barricades.

Ce Roi contre qui on conspire, ce Roi qui cependant comprend les besoins du pays et maintient la paix (1), comme le premier de tous ses besoins, ce Roi, qui d'une main donne aux Huguenots l'Edit de Nantes, malgré les Catholiques du parlement, et de l'autre, relève les croix des Catholiques renversées par les Huguenots, pendant les guerres civiles ; ce Roi modéré, ami de l'ordre, trouvant plaisir à faire fleurir les arts et le commerce, à élever des monumens, à embellir la cité ; peut-on y voir autre chose que l'image de la monarchie de Juillet, appelant tous les partis autour d'elle, ayant à cœur d'éteindre les factions, contestée néanmoins et injuriée chaque jour par les exaltés de tous les partis? Et pourtant le Roi des Français, en 1832, avait cet avantage sur le Roi de France en 1589, de n'avoir pas été forcé de changer de croyance , ce qui est toujours un malheur ; mais au contraire , lorsqu'il fut élevé sur le pavois, il était depuis long-temps attaché de cœur à nos institutions, lui qui avait combattu, jeune homme, pour la liberté, à l'ombre du drapeau national.

Ce système d'Henri IV, en un mot, qu'est-ce

(1) Ce que j'ai fait est pour le bien de la paix , je l'ai fait au dehors, je veux le faire au dedans.

(Paroles de Henri IV. *Histoire de* PERÉFIXE.)

autre chose que le système modéré du gouvernement de 1830, système philosophique, et à cause de cela, repoussé par les hommes qui se disent les intelligens et philantropes du siècle, et qui n'ont guères désavoué ceux qui voulaient en 1832, soutenir leurs théories de progrès et d'intérêt général par l'insurrection, et leur système de philantropie, à coups de fusil, et en faisant des Barricades ?

Mais les siècles changent, les hommes se ressemblent. Même égarement, même folie. Exaltés Huguenots et Catholiques exaltés, absolutistes et républicains, bien plus coupables sans aucun doute au XIXe siècle qu'au XVIe, car en 1832 ils font le mal sans conviction et sans croyance. Ligueurs de 1832, portant dans le cœur toute la haine des ligueurs de 1589, moins leur foi ; Ligueurs de 1832, mettant à la ruine de leur patrie autant d'acharnement que les Ligueurs de 1589, moins l'enthousiasme ; parodiant en 1832 le passé de toutes les époques funestes, parodiant la Sainte Ligue du XVIe siècle, parodiant la République de 93, la Chouannerie de 93, et les Barrieades de 1830.

Il est une époque non moins féconde en rapprochemens et en rapports, c'est l'époque du règne de Guillaume III en Angleterre.

Guillaume III avait été appelé au trône après

l'expulsion de Jacques II (1), devenu l'objet du mépris public.

A cette époque plusieurs partis divisaient l'Angleterre. Le parti des whigs, qui se composait des calvinistes et des républicains ; celui des torys, c'est-à-dire les papistes et les jacobites ou les partisans de Jacques II. Ceux-ci se refusaient à l'idée d'un roi *de facto*, et soutenaient l'absolutisme et l'hérédité de droit divin. Les whigs soutenaient le principe populaire.

Le pouvoir royal se trouva donc, en 1689, c'est-à-dire à sa naissance, également contesté, et par ceux qui étaient attachés au dernier roi et au droit divin, et par le parti républicain, qui voulait voir la monarchie détruite.

Guillaume, de sa nature tolérant et modéré (2), s'attacha tout d'abord à un système qui avait pour but de maintenir l'équilibre entre le parti ombrageux des whigs, toujours hostile à la royauté, et celui des torys, qui ne reconnaissaient pas le roi (3). Il essaya de gagner les jacobites ; il fit plusieurs tentatives pour attirer à lui les partisans d'une

(1) La chasse était son principal amusement, mais la religion son unique occupation.

(Smolett. *Histoire d'Angleterre*, tom. XVI , liv. 8, chap. 6, pag. 372.) (1763.)

(2) Il rejetta les propositions des zélés qui voulaient l'engager à faire des lois sévères contre les papistes récusans.

(Smolett. Tom. XV, liv. 8 , chap. 1, pag. 32.)

(3) Plusieurs pairs refusèrent de prêter serment.

cause perdue et désespérée; mais il mécontenta les whigs, qui ne cessaient de demander des concessions, que rien ne pouvait satisfaire, et qui accusaient le roi de ne rien faire pour le parti du peuple (1); et, d'un autre côté, les torys ne pouvant pardonner à ce roi d'être roi par la volonté du peuple, saisissaient toutes les occasions de soulever contre lui le mécontentement de leurs adversaires.

En lisant cette histoire de 1689, on y voit une grande ressemblance, pour le fond, avec l'histoire de la monarchie de 1830.

Jacques II méprisé universellement (2) et expulsé (3); le prince d'Orange appelé au trône; une monarchie élective; un prétendant mineur; le pouvoir royal contesté par ceux mêmes qui l'avaient

___

(1) Un parti toujours animé de cet esprit d'inquiétude et de contradiction, qu'aucun sacrifice ne pourrait satisfaire.

(Smolett. Tom. XVI. liv. 8, chap vi, pag. 242.)

Il est à remarquer que l'historien qui parle est un démocrate.

(2) Enervé par une dévotion exagérée, il se montra peu affecté de la perte de son royaume : une piété mal entendue absorbait toutes ses facultés.. Il passait son temps à tenir des conférences avec des Jésuites sur la religion, et, pendant que le Pape le comblait d'indulgences, les Romains l'insultaient par leurs pasquinades. Enfin, il devint même pour les Français un objet de raillerie et de ridicule : « C'est un homme bien piteux, dit l'archevêque de Rheims, qui a sacrifié trois couronnes pour une messe. »

(Smolett. Tom. XV, liv. 8, chap. i, pag. 74.)

(3) La chambre des communes vota que, Jacques ayant fait ses

institué, et cependant soutenu malgré les partis, et comme étant le seul moyen d'éviter l'anarchie; des intrigues, des conspirations, des difficultés de tout genre, suscitées au Pouvoir dans les deux Chambres (1), voilà bien des analogies avec une autre époque.

Le système de Guillaume fut un système de modération, dans un temps de fanatisme et d'intolérance (2). Né calviniste, Guillaume fut toujours ennemi de la persécution (3); il n'eut de haine pour aucun parti, il ne conserva de ressentiment pour aucune injure, il s'efforça pendant tout son règne de faire une fusion de toutes les opinions, il souhaita toute sa vie la réunion des deux royaumes.

efforts pour anéantir la constitution du royaume, en annullant le contrat original entre le peuple et le roi, ayant violé, par le conseil des Jésuites et autres gens pervers, les lois fondamentales du royaume, le trône était vacant.

(SMOLETT. Tom. XIV; liv. 7, chap. IV, pag. 513.)

(1) Au point que Guillaume fut plus d'une fois tenté de se retirer en Hollande. En 1699, il menaça d'abandonner le gouvernement, et il avait préparé un discours à ce sujet, qu'il devait prononcer dans les deux Chambres; mais il en fut détourné par ses ministres et les amis de l'ordre, qui lui firent comprendre à quels malheurs il allait livrer l'Angleterre.

(SMOLETT. Tom. XVI, liv. 8, chap. VIII, pag. 236.)

(2) Tempéré, en général, droit et sincère.

(SMOLETT. Tom. XVI. liv. 8, chap. VI, pag. 402.)

(3) Il favorisa les Non-Conformistes par un bill de tolérance de 1689. « Acte pour exempter les sujets non-conformistes des peines portées par certaines lois. »

(SMOLETT. Tom. XV. liv. 8, ch. 1, p. 31.)

Justice pour tous, et ordre à l'intérieur, tels étaient les principes de la politique de Guillaume, principes qu'on retrouve dans tous ses discours, soit dans le conseil, soit devant les Chambres (1). Il rendit les plus grands services aux Anglais, car il apaisa les esprits, fit cesser les divisions, consolida le pouvoir monarchique, malgré les attaques continuelles du principe démocratique; et ceux qui avaient le plus contesté son pouvoir, le regretèrent après sa mort, forcés de reconnaître que ce prince avait été utile à son pays.

Or, la monarchie de 1830 se trouvait placée dans les mêmes circonstances que la monarchie de 1689 (2). Après une révolution qui avait eu pour cause les abus du pouvoir royal, il fallait éviter les excès du pouvoir populaire, sous peine de voir le principe monarchique absorbé par le principe démocratique. Le parti à prendre en 1830 était

(1) Voyez entre autres le discours qu'il prononça peu de temps avant sa mort, au parlement.

(Smolett. Tom. XVI, liv. 8, chap. vi, p. 380.)

(2) On pourrait faire cette objection : que Guillaume III fut un prince guerrier.

Mais nous répondrons, 1° que l'esprit de guerre était l'esprit général du XVIIᵉ siècle; 2° que la guerre n'était pas une question de vie et de mort pour l'Angleterre, qui n'a jamais à craindre l'invasion. Ainsi l'objection n'affaiblit en rien la similitude que nous avons cherché à établir entre le système que nous soutenons aujourd'hui et le système d'ordre et de modération à l'intérieur, qui fut toujours le caractère du gouvernement de Guillaume III.

donc indiqué par les circonstances : le système qu'on a suivi en 1830, résultait de la nature des choses. Il dut avoir pour lui la majorité des Français ; et si les Français, instruits par le passé, savent se réunir autour de la monarchie de Juillet, il n'y aura pas à redouter pour elle ni pour nous une bataille de Boine, et la révolution de 1830 devra compter sur un avenir de bonheur et de paix.

EN QUOI L'OPPOSITION ABUSE LE PEUPLE.

> Je ne me livrerai point à d'imprudentes prédictions, on connaît le mécompte trop fréquent de semblables prophéties.
>
> (M. BIGNON. Ch. des Dép. , 13. nov. 1830.)

Les prophètes et les prophéties n'ont pas manqué à notre époque; et, depuis la révolution de Juillet, que personne n'avait prévue, ni ceux qui avaient fait les ordonnances, ni ceux qui les ont combattues, quoique disent les habiles prédiseurs après coup, nous sommes chaque jour fatigués de pronostics et de prévisions sur l'avenir de la France. A entendre les experts et les intelligens du siècle qui voient de si haut et de si loin, qui se prétendent infailliblement doués du précieux don de seconde vue, nous marchons d'heure en heure vers un avenir effroyable, tout semé d'abîmes et de précipices, et, depuis vingt mois qu'ils nous annoncent tant de malheurs, leurs prédictions se sont trouvées presque continuellement démenties par les faits; car si l'horizon s'est quelquefois rembruni, si nous avons eu quelques mauvais jours, nous les devons aux manœuvres de ces visionnaires si bons Français, qui se sont chargés de réaliser ce qu'ils nous prédisent parce qu'ils le souhaitent. Or, quel cas faut-il faire de toutes ces déclamations, rapsodies de tribune ou de journaux, catalogues sempiternels de maximes et de sentences où sont enregistrés, pour chaque matin des mots à effet, des paroles magiques, des phrases prophétiques et doctorales, des oracles banals pouvant s'appliquer également au passé comme à l'avenir, à l'avenir comme au passé !

On pourrait répondre à ces faux prophètes : Ce que vous prophétisez, c'est toujours ce que vous espérez; l'avenir que vous annoncez, c'est celui que vous comptez faire si le ciel le permet; or, avez-vous le pouvoir de faire ce que vous souhaitez ? êtes-vous les maîtres du temps ? êtes-vous la majorité ? êtes-vous la France ? êtes-vous le monde ?

Vous avez dit, en 1830 : La guerre est inévitable; avant six mois la France aura la guerre. Cela signifiait : Nous espérons, nous voulons la guerre, car elle sera révolutionnaire au dedans comme au dehors, et il y aura une dictature à nous et pour nous. Mais la guerre n'a point eu lieu en 1830 ni en 1832.

Vous avez dit, en 1831 : Jamais les Souverains ne reconnaîtront la Belgique; ce sera la première cause de la guerre qui est inévitable. Cela signifiait : Nous espérons que la Belgique ne sera pas reconnue, parce qu'alors elle se mettra immédiatement en république , ce que nous lui conseillons chaque jour par nos agens , ce que nous espérons aussi réaliser bientôt après chez nous. Mais la Belgique a été reconnue des cinq Puissances et la Belgique a nommé un roi.

Vous avez dit, en 1831 en voyant la Hollande attaquer la Belgique : Le roi de Hollande sait ce qu'il fait, il se sent appuyé; si la France fait un pas en Belgique, la Prusse et la Russie soutiendront la Hollande, et la guerre générale est inévitable. Cela signifiait : Nous voulons une guerre générale, il nous faut une guerre générale; et, d'un autre côté, vous désapprouviez la démarche du roi des Français, sous prétexte qu'elle était faite dans un intérêt de dynastie. Mais la France est entrée en Belgique et elle a fait repentir le roi de Hollande d'avoir osé compter sans la France, et pas une Puissance n'a bougé.

Vous avez dit, en 1831 : Le roi des Belges ne sera autre chose que le préfet de l'Angleterre; et votre prédiction s'est trouvée démentie, précisément par votre alliée l'Opposition d'Angleterre qui, de son côté, accuse chaque jour le roi des Belges d'avoir le cœur un peu français, accusation qui pourrait bien être fondée, sur-tout par l'alliance prochaine des deux familles.

Vous avez dit, en 1831: Les souverains vous amusent en vous promettant la paix; votre paix est une chimère, et la paix a été signée par les souverains en 1832.

Vous avez dit, en 1831 : Le bill de réforme ne passera pas en Angleterre; cela signifiait : Nous l'espérons bien ; nous comptons qu'il en sera ainsi, car alors il y aura révolution en Angleterre et par suite en France. Mais les Anglais qui aiment leur pays et la liberté se sont entendus, et le bill est passé; et ce ne fut pas un des moindres désappointemens de l'Opposition en 1832 (1).

Vous avez dit, en 1831 : Le système du 13 mars ne peut durer long-temps; et la maladie de Périer vous avait donné les plus grandes espérances, et sa mort vous mit au comble de la joie ; mais ce système dure encore aujourd'hui, malgré la mort de Périer.

Vous avez dit, en 1831 et en 1832, lorsque vous étiez à la tête des émeutes continuellement réprimées par les amis de l'ordre : Tout cela n'est pas sérieux ; mais le jour où il se tirera un coup de fusil, la monarchie est morte; et vous avez lâchement fait tirer sur des Français, par vos enfans perdus; et la monarchie est demeurée plus grande et plus forte que jamais.

Ce serait une tâche longue et pénible de rappeler tout ce qu'il y a de faux, de mensonger et de contradictoire dans les discours de ces hommes

(1) Le rejet du bill de réforme avait réjoui l'Opposition de France ; ce rejet était pour elle une espérance; et le jour où lord Grey est rentré aux affaires, un membre influant de l'Opposition de France s'est écrié avec naïveté : nous voilà reculés de dix ans.

qui ont toujours à la bouche les grands mots de bien public et d'intérets généraux ; qui se vantent de connaître eux seuls les sympathies et les antipathies de la nation, qui prétendent savoir ce qu'est la majorité qui s'ignore, et ce que veut cette majorité. Lorsqu'on va au fond de ces grands cœurs, lorsqu'on met à découvert ces consciences rigides, qui dépouillent si généreusement leur personalité toutes les fois qu'il s'agit de ce qu'ils appellent le bien du peuple, on trouve peu de sincérité dans tout cela, on trouve au contraire bien du mécompte. Et parmi ceux qui font grand bruit de leur courage et de leur désintéressement, qui parlent sans cesse des sacrifices qu'ils font à une couleur politique, il y en a beaucoup qui ne doivent leur patriotisme actuel et leur opinion qu'à la conviction profonde où ils ont été que le pouvoir de 1830 ne durerait pas six mois : voilà le secret de leur opinion.

D'une part, ceux qui n'ont rien eu en Juillet, de l'autre, ceux qui avaient des prétentions plus hautes que ce qu'on a pu leur offrir, se sont déclarés hostiles au pouvoir qu'ils ont espéré renverser chaque jour; et il n'est pas bien prouvé que si le pouvoir, en 1830, avait su deviner quelques hommes, le pouvoir n'aurait pas eu quelques adversaires de moins en 1832, et des plus consciencieux, et des plus désintéressés, qui, dans l'attente d'un avenir qu'ils ont bien cru toucher, il y a quelques jours, poursuivent aujourd'hui de toute leur haine, c'est-à-dire de toute la sincérité de leur conviction, ce qu'ils soutiendraient fermement à l'heure qu'il est, si on avait justement apprécié leurs consciences.

COINCIDENCE
DE PLUSIEURS FAITS AVEC LES JOURNÉES DES 5 ET 6 JUIN.

CHARTE DE 1832, AFFAIRES DE LA RUE DES PROUVAIRES,
GRENOBLE, MARSEILLE, COMPTE RENDU, ETC.

> Tout par la France.
> *(Devise des Chouans de 1832.)*
> O sainte liberté, que de crimes ne commet-on
> pas en ton nom !
> *(Madame Roland.)*

A voir ce qui s'est passé chaque jour sous nos yeux, depuis vingt mois, à voir ce mouvement, cette inquiétude vague, cette impatience de vivre (1), à voir tout ce dévergondage de sentimens et d'opinions, ces scènes bizarres, tour-à-tour comiques et sérieuses, tour-à-tour bouffonnes et tragiques, on dirait qu'un vertige s'est emparé des Français, on dirait que ce peuple si sage, si modéré en Juillet, a eu bientôt regret de sa sagesse et de sa modération de 1830, et qu'il a voulu se punir lui-même par des folies et des exagérations de tout genre.

Les théories les plus étranges ont été posées et développées, des propositions singulières gra-

---

(1)
> Aujourdhui que personne
> Ne peut chez soi rester en paix,
> Et que de toutes parts l'ambition bourgeonne
> Sur les crânes les plus épais.
>
> A. BARBIER, *Iambes* (V).

vement mises en discussion , des espérances chimériques transformées en probabilités , de probabilités en certitudes, le passé, le présent nié ou remis en question, l'avenir prédit avec assurance, un certain ordre de choses annoncé comme infaillible dans un certain temps ; tout cela en présence d'un pouvoir légitimement établi et par la volonté des Français, tout cela en présence d'un pouvoir qui n'était là , au dire de tous ces sages, que provisoirement et seulement pour mémoire (1), et qu'on ne laissait pas d'appeler oppresseur ; alors que le fait même de toutes ces choses qui se passaient en face de lui, était la preuve d'une assez grande liberté. Et que de phrases depuis vingt mois, que de discours au nom du bien public , et promettant toujours infailliblement le bonheur au peuple Français ! Quelle prodigieuse confusion de langages et de jargons dans cette tour de Babel ; à ce point, qu'on dirait qu'il y a plusieurs nations dans une seule nation !

Ceux-ci font une Charte en 1832, parce qu'ils avaient voulu renverser la Charte de 1814, qu'ils ne trouvaient sans doute pas assez libérale en 1830. Ceux-là veulent renverser la Charte de

______

(1) Cette phrase du Compte-rendu : la monarchie héréditaire n'a rien d'*inconciliable* avec la liberté , etc. Le *National* appelle cela une mention *polie* du principe monarchique ; encore cette mention vient-elle à l'appui de tous les griefs.

(*National*, 31 mai 1832.)

i83o, parce qu'on s'était battu pour celle de
i8i4. Ceux-ci regrettent l'Empire, époque de la
plus grande liberté. Ceux-là veulent une régence,
de droit divin, aussi dans l'intérêt de la liberté.
D'autres proclament la république. Quelle république? Le savent-ils, est-ce la république fédéra-
tive, ou bien est-ce la république une et indivisi-
ble? A les entendre, la république en France est
une affaire convenue, la question ne s'agite plus
que sur la forme de la république; et les préten-
dans à la présidence de la république, les futurs
présidens de la future république, se disputent
d'avance entre eux, se déchirent d'avance entre
eux; preuve que la république est chose facile en
France!

D'autres nous assurent que la France ne peut
être heureuse qu'avec leurs princes légitimes;
mais la dispute est dans le camp des légitimistes
comme elle est dans celui des républicains. Les
uns veulent bien de la Charte de i832; les autres
s'en tiennent à l'absolutisme le plus pur, appuyé,
s'il le faut, car c'est pour le bonheur de la
France, d'une brave armée russe, prussienne,
autrichienne.

Ceux-ci, papes et prophètes d'une foi qu'ils se
sont à eux-mêmes révélée, tour-à-tour posés, tour-
à-tour déposés, quittent ce monde improgressif,
et vont méditer dans leur Thébaïde, songeant à
sauver le monde encore une fois.

Ceux-là, parce qu'on les oublie, eux et leur

système politique, s'ils en ont un, mécontens de voir la France trop paisible, se retirent séditieusement sur le mont Aventin, espérant que le peuple les y suivra ; mais le peuple les a regardés faire sans les suivre.

D'autres, parlant au nom de ce peuple qu'ils flattent à tous propos, trouvent moyen de blâmer les mesures que prend le pouvoir au moment de la contagion, et les sacrifices qu'il fait pour soulager ce peuple ; ils blâment les souscriptions, insultent les souscripteurs, soutenant qu'on ne donne au peuple que ce qu'il pourrait prendre (1), et que les choses se feraient bien mieux sous la république (2) et d'une manière bien plus expéditive (3).

Et puis, après avoir loué le régime des clubs, bien autrement paternel, bien plus commode que le Juste-Milieu, ils discutent gravement la question de savoir si ce n'est pas encore le pouvoir qui est cause que le peuple le plus *éclairé* de la terre

(1) Le peuple, bien que condamné *encore* à n'être secouru que pas le régime des souscriptions.

(*National*, 26 avril 1832.)

(2) Et en prenant les choses au pis, le régime des clubs eût trouvé, pour secourir les malades, tout autant si ce n'est plus de ressources que le Juste-Milieu.

(*National*, 16 avril 1832.)

(3) C'est-à-dire les réquisitions, et les ordres pleins de douceur, émanés des municipalités toutes paternelles.

ne veut pas croire au choléra, et massacre dans les rues les soi-disans empoisonneurs.

Celui-ci annonce avec emphase qu'il est chargé de faire une aumône, et, après avoir occupé de lui et parlé de lui, à propos de cette aumône, qui ne venait pas de lui, accuse le pouvoir de sacrifier les inté- du pauvre, parce que la monarchie de Juillet rejette cette aumône, donnant de sa bourse au pauvre, sans vouloir accepter pour lui l'aumône du droit divin.

Ceux-là canonisent les grands hommes, font des apothéoses et des discours sur les Mânes (1) auxquels ils destinent le Panthéon (1), eux qui ne croient pas aux Mânes, eux qui sont trop forts pour croire aux Mânes et à Dieu.

D'autres donnent des charivaris (3), triomphe certain et honorable de l'Opposition, moyen infaillible de connaître l'opinion publique, parce qu'une douzaine de misérables peuvent impuné-

---

(1) Je pensais que ma conviction serait partagée quand il s'agirait d'un acte si grave ; et qui exciterait sûrement tant de sympathie dans le cœur de mes concitoyens, je me suis trompé.

(M. Salverte. Chamb. des dép. 18 mars 1832.)

(2) Encore une parodie des ridicules parodies de la Convention et de l'Empire. Ainsi, la Convention décrétait l'Etre Suprême et la Raison, Napoléon faisait un temple à la Gloire.

(3) Les charivaris, les orgues des rues, et les comédies à ariettes, appelées opéras comiques, où on ne trouve pas trois chanteurs pour chanter juste et en mesure, cela caractérise un peuple éminemment musical.

ment mettre le trouble dans une maison , et démonétiser un citoyen digne d'estime.

D'autres font des pamphlets contre le pouvoir,
que leur métier est d'accuser toujours et quand
même , et ils tirent vanité de ce qu'ils appellent
des persécutions. Éditeurs responsables des injures grossières et des calomnies d'une faction ,
moins la prison et l'amende , car ils passent leurs
jours de prison dans des maisons de santé , et
l'amende est payée pour eux par des souscriptions ; et ils appellent cela exposer leur *fortune* et
leur *vie* , et braver *l'horreur des cachots.*

Celui-ci , magistrat inamovible , est assez courageux pour faire une profession de foi contre le
pouvoir auquel il a prêté serment , parce qu'il
sait qu'il n'y aura pour lui ni prison , ni destitu-
tion. Ceux-là insultent les magistrats devant une
cour d'assises , parce qu'ils savent qu'ils ont pour
juges des jurés pusillanimes qui les acquittent *par
douzaines.*

Et tous se prétendant victimes et martyrs du
plus doux des pouvoirs , n'ont qu'une occupation,
qu'une seule affaire, celle de renverser ce pouvoir,
et ils y travaillent avec ardeur , et la France est
traversée en tous sens par des missionnaires et des
agens de toute sorte , qui ne se reposent jamais,
qui ne se lassent jamais ; et la mort a beau moisson-
ner à droite et à gauche dans chaque camp , ils ne
sont pas détournés un seul jour de la pensée qui les
occupe, de l'œuvre qu'ils méditent. Chaque parti

hostile au pouvoir observe le parti opposé, également hostile au pouvoir, suivant toutes ses démarches, calculant toutes les chances de succès contre le pouvoir, à l'affut de toutes les nouvelles sinistres, prenant acte de chaque émeute, de chaque conspiration, de chaque protestation; ceux-ci, se réjouissant des affaires de Marseille (1) et de la Vendée, parce que c'est un moyen d'accuser le pouvoir, qui laisse conspirer la Restauration; ceux-là se consolant du complot manqué de la rue des Prouvaires, par l'affaire de Grenoble (2), de l'échauffourée de Marseille, par le Compte-ren-

(1) L'Opposition a dit d'abord : On conspire dans le midi ; et, lors de l'affaire de Marseille, elle a nié le fait des conspirations, prétendant que c'était encore là une affaire d'agens provocateurs.

« Ne se pourrait-il pas que ce gouvernement si habile, et ces conspirateurs si niais fussent de la même fabrique ? L'individu saisi par Chazal ne serait-il pas de ces chefs de conspiration que le jury de Paris acquitte par douzaines. »

(National, 5 mai 1832.)

(2) Lors des troubles de Grenoble causés par une infâme mascarade, l'Opposition a fait l'énumération des crimes du pouvoir, elle a parlé avec indignation des citoyens massacrés dans les rues, des troupes se servant de leurs armes contre le peuple. Elle n'a pas dit un mot de l'insulte faite au Roi et à la monarchie de Juillet, pas un mot des pierres lancées aux soldats, pas un mot des soldats blessés en se défendant contre des furieux qui voulaient les désarmer. C'est-à-dire, qu'aujourd'hui, en vertu de la révolution de Juillet, il faut que le pouvoir soit toujours attaqué sans se défendre, que l'armée et la garde nationale reçoivent tranquillement des pierres et des pavés, voire même des balles, sans riposter.

du (1), et de leurs revers réciproques par les injures de leurs journaux ou leurs caricatures ; tous attendant l'occasion, le prétexte, qui s'est enfin réalisé, car ils ont cru que le 5 Juin était le jour de triomphe, et d'un commun accord la ligue se trouva prête et l'insurrection commença.

Alors il faisait beau voir ces hommes de tous les partis, rassemblés pour la sédition (2), ayant horreur les uns des autres, et réunissant leurs haines pour un jour, se donnant la main un jour pour s'égorger le lendemain, futurs vainqueurs hostiles entre eux d'avance, guerroyant entre eux, même avant la victoire ; il faisait beau voir ces bannières déployées, ces emblêmes de sang et de mort, le drapeau rouge, le drapeau blanc, le drapeau noir, se disputant les Barricades, arborés tour-à-tour, tour-à-tour abattus, la guerre dans la guerre, l'anarchie dans l'anarchie; et tandis que les insensés et les pervers préparaient le chemin

(1) Le Compte-rendu, signé par 39 députés se réunissant pour délibérer hors du temps de la session, était certainement la plus grave des émeutes depuis 1830, après l'affaire de la Vendée : il eut pour digne corollaire, l'insurrection de Juin qu'il avait autorisée et excitée.

(2) N'est-ce pas chose bien estrange de voir cette union maintenant si zélée avoir esté en beaucoup de ses parties composées de gens qui, auparavant les saintes Barricades estaient tous tarés et entachés de quelque note mal solfiée et mal accordante avec la justice ?

(Satyre ménippée. *Harangue de l'archevéque de Lyon*, p. 77.)

aux triomphateurs, les metteurs en œuvre de cette
sédition bigarrée travaillant tous à l'abri, tous loin
du danger, ne risquant rien d'eux et de leurs per-
sonnes, gardant leurs précieuses vies pour le bonheur de la France, attendant en sureté l'heure de
la victoire, pour reparaître et s'asseoir au milieu
des décombres ; ici des clubistes, entrepreneurs
de propagandes, faiseurs de proclamations et de
manifestes, centurions de comédie, tribuns in-
visibles de l'impossible république ; là, gentils-
hommes et veneurs, publicistes de l'inquisition,
éditeurs de la plus libérale des chartes, en 1832,
fiers champions, combattant en Vendée, à Paris,
écuyers de parade, guerriers d'antichambre, tous
ligueurs introuvables ; tout cela se remuant, s'agi-
tant, intrigaillant dans l'ombre et poussant des
Français à s'entr'égorger, le tout pour le bonheur
de la France.

Mais, pendant ces jours funestes, ensanglantés
du sang français, les sincères amis de la liberté
ont appris à connaître quels étaient leurs amis,
quels étaient leurs ennemis : ils ont pu discerner
le vrai du faux, le juste de l'injuste, et, pour tout
Français qui veut le bien de son pays, drapeau
blanc, drapeau rouge, fleurs de lis, bonnet de la
liberté, tout cela signifie à tout jamais, anarchie,
anarchie ; car la France ne veut plus aujourd'hui
d'autre drapeau que celui de Jemmapes, d'autre
emblême que celui de l'ordre et de la vraie liberté.

Arrière donc, légitimistes, trois fois bannis,

trois fois fugitifs, toujours vaincus, jamais corri-
gés, implacables ennemis de la France, hommes
égoïstes et rétrogrades, vous avez perdu la partie,
la France ne veut plus de vous, la France vous
abandonne et ne croit plus à vos promesses ni à
vos sermens; vous avez perdu la partie, et pour
toujours; et la France ne veut plus de vous parce
que vous avez manqué à votre foi; la France ne
veut plus de vous, parce que vous l'avez trompée;
la France ne veut plus de vous, parce que, pouvant
lui donner le bonheur qui vous coûtait si peu, vous
l'avez mise en souffrance pour votre bon plaisir.

Arrière donc vous qui osez promettre encore
à la France des libertés plus grandes que celles
que vous avez voulu lui ravir violemment en
Juillet. Vous avez fait le malheur de votre patrie,
vous avez joué lâchement votre patrie, et l'enjeu
est du sang français, dont vous ne vous faites
guère faute, appelant au besoin l'étranger pour
le verser plus sûrement et plus vite. Arrière légitimistes, arrière à tout jamais.

Arrière aussi, républicains, qui croyez voir si
haut et qui avez la vue si courte, qui vous taisiez
en 1830, et criez si fort en 1832; qui laissiez faire
en 1830 ceux qui nommaient un roi, et qui niez
aujourd'hui cette monarchie créée en face de vous
et par vous, sans le secours des troupes ni des armées, mais d'un commun accord et par la volonté
nationale.

Arrière, vous qui promettez le plus grande

somme de bonheur à la France et travaillez sans relâche à mettre l'anarchie dans la France, afin de hâter ce bonheur; qui protestez de votre amour sincère pour le peuple, et, pour propager vos populaires doctrines, assassinez préalablement les citoyens; la France ne veut pas de vous, parce qu'aucun de vous ne sait ce qu'il veut; la France ne veut pas de vous, parce que vous n'êtes pas même d'accord entre vous touchant votre république, parce que la France se souvient de ce que c'est que la république.

Arrière, hommes pleins d'hypocrisie, parlant de progrès et de mouvement, et n'étant, à vrai dire, que les imitateurs rétrogrades d'un passé à tout jamais flétri, parodieurs, sans enthousiasme et sans conviction, d'une époque de fanatisme et d'enthousiasme; arrière, vous qui prenez ce qui est turbulent et désordonné pour le progrès et le mouvement; arrière, républicains, arrière.

Car la France veut garder sa liberté conquise en Juillet, car la France a confié ses destinées à cette monarchie créée par elle, hors de laquelle il n'est plus pour elle qu'*abîmes et que tempêtes*.

CONCLUSION.

L'ordre a été troublé, une ville ensanglantée ; des citoyens ont été aux prises avec des citoyens. Quelle est la cause de ces malheurs ? Les lois avaient elles été violées ? et par qui ? Avait-on à reprocher au Pouvoir des mesures arbitraires ? et quelles mesures? L'agression venait-elle du Pouvoir ?—Peut-être, a-t-on dit. — Mais alors, pourquoi ces bandes qui se trouvent armées tout d'un coup? Pourquoi ces armes chargées? Il y avait donc conspiration. Mais, dit-on encore, s'il y a eu insurrection, c'est au système que suit le Pouvoir qu'il faut l'attribuer. Le Pouvoir est responsable du désordre dont il est la cause. Quel est donc ce système assez coupable pour légitimer l'insurrection ? En quoi est-il coupable.

Après la révolution de 1830 on pouvait choisir entre deux routes bien différentes.

On pouvait rompre sans retour avec le passé, trancher dans le vif d'un seul coup, faire table rase avec toutes les institutions établies, nier tout, remettre tout en question, reviser tous les droits sans exception, renverser tout de fond en comble pour réédifier ensuite; replacer la France en face d'elle-même, pour étudier ses besoins, pour remédier aux abus et créer des routes nouvelles ; substituer l'esprit nouveau à l'esprit ancien , sans

5

ménagement , sans transition , sans aucune voie intermédiaire ; décomposer la société pour la remanier ensuite et la refaire sur de nouvelles bases ; suivre enfin le principe populaire jusqu'à ses dernières limites, sans s'inquiéter ni du passé, ni du présent , ni de l'extérieur. On a appelé cela le système du mouvement, le système du progrès; on a appelé cela les véritables conséquences de la révolution de Juillet.

L'autre système était celui-ci : On pouvait, en partant du fait même de la révolution de 1830, qui avait été si douce , si modérée , si généreuse, et à cause de cela, si unanime , on pouvait continuer ce fait et le développer dans un sens toujours modéré, toujours pur d'excès et de réactions. On pouvait , comme on fait aujourd'hui , pour les sciences physiques et morales , suivre la méthode d'expérience , c'est-à-dire , après avoir constaté l'état de la société au 29 Juillet, après avoir fait l'inventaire de la société au 29 Juillet , la prendre telle qu'elle était pour le fond , choisissant le bien , rejetant le mal , adaptant le présent au passé , mais sans reprendre cette société *ab initio* pour la refaire intégralement.

On pouvait , en d'autres termes , accepter le passé en respectant les faits, proclamer les droits acquis, sans révision et sans en rechercher l'origine, conserver et garantir toutes les existences, si ce n'était celles qui pourraient porter préjudice à la société, seulement modifiée; suivre pas à pas , et avec mesure , les instincts progressifs de cette société, ajoutant chaque jour une pierre à l'édifice dont la base avait été reconnue pour être bonne , puisqu'elle avait résisté à une aussi violente commotion ; maintenir la société telle qu'on l'avait reçue des mains de la révolution de 1830, sauf à en élaguer quelques branches inutiles ou nuisibles, mais seulement au fur et à mesure qu'on le reconnaîtrait nécessaire , et non en vertu de théories et de systèmes , mais en présence et à cause des circonstances ; ne faisant aucune menace , aucune protestation contre l'étranger, pleins de respect et de bienveillance pour les traités des autres nations ; marcher enfin au progrès , en prenant conseil, non de l'histoire, ni des spéculations, mais des faits ; voilà la route qu'à suivie le Pouvoir, non pas à compter du 13 Mars, mais après le 29 Juillet 1830.

Or, quelles étaient les conséquences logiques de ces deux systèmes ?

Rompre avec le passé , ne pas reconnaître les droits acquis , remettre tout en question ; les conséquences d'un tel système à l'extérieur étaient nécessairement : rupture avec les nations, abolition de tous les traités, déclaration de guerre immédiatement à tous les principes établis en Europe ; déclaration de guerre à toute l'Europe ; et , pour soutenir la guerre contre toute l'Europe, nécessité de proclamer la révolution au dehors comme au dedans ; c'est-à-dire, la propagande et les insurrections chez les peuples voisins, mais, à vrai dire, seulement des espérances, seulement des probabilités, souvenirs bien précaires d'un passé d'enthousiasme, à une époque sans enthousiasme. Or, un pareil système était une utopie en 1830. La société de 1830 n'était pas taillée à cette hauteur; et ceux qui ont déserté les principes qu'ils avaient proclamés immédiatement après la révolution de Juillet (1), pour signer le Compte-rendu, qui est la négation de ces principes, n'ont pas vu que les conséquences du système qu'ils soutiennent aujourd'hui, ne peuvent être autre chose que la guerre, et toujours la guerre, quoiqu'ils fassent, conséquences par cela même illogiques avec la révolution de 1830, qui ne pouvait admettre la guerre que comme possibilité, et au pis aller, et non comme principe.

Mais les conséquences du système qu'on appelle le système du 13 mars ont été ce qu'elles devaient être, c'est-à-dire, en harmonie avec leur principe, qui était un principe d'ordre, puisque c'était pour les lois, c'est-à-dire pour l'ordre, qu'on avait combattu, en Juillet, pour les lois attaquées par la révolte royale, et reconquises par l'insur-

(1) Dans ce mouvement immense, tous les droits individuels ont été respectés, le droit des nations a été religieusement gardé.

(Commission municipale : MM. Mauguin , Audry de Puyraveau, 3 septembre 1830.)

Le peuple Français est plein de respect et de bienveillance pour les droits des nations et dans son propre sein pour tous les droits sans distinction : aucune intrigue intérieure ou extérieure ne pourra triompher de cet esprit de sagesse et de modération qui caractérise la France actuelle.

(LAFAYETTE , 1ᵉʳ septembre 1830. Ordre du jour.)

rection populaire. Et comment le système d'ordre et de modération qu'a suivi le Pouvoir depuis 1830 aurait-il pu être contraire au principe de cette révolution de 1830., puisque ce système n'était que la continuation douce et modérée d'une révolution douce et modérée ? Quant à l'extérieur, la France a gardé une attitude ferme et assurée, et lorsqu'elle a voulu défendre la Belgique, aucune puissance ne s'est avisée de la contredire, et par là s'est trouvée démentie l'accusation de pusillanimité que lui avait portée l'Opposition. Donc, pour la question d'ordre à l'intérieur, comme pour la question de paix à l'extérieur, c'est le système du Juste-Milieu qui s'est trouvé le plus logique et le plus conséquent avec la révolution de 1830.

Le malheur est qu'il y a des gens qui ne vivent que d'abstractions, qui ne voient jamais le fait en politique, c'est-à-dire ce qui a été commandé par les circonstances, ce qui a été imposé à la société, ce qui est le résultat propre de la nécessité. Il est bien facile de dire, en 1831 et en 1832, ce qu'il fallait faire en 1830 pour satisfaire à telle ou telle opinion, à tel ou tel système né depuis et bien après la révolution de 1830, système qu'on nous représente comme ayant été une des exigences de 1830. Ce qu'il faut examiner, c'est de savoir si ce qu'on nous donne aujourd'hui pour bon et nécessaire était faisable à cette époque. Remettons-nous donc en face des faits.

Les adversaires du système suivi en 1830 sont de deux sortes :

Les uns ont approuvé les premiers pas qu'on a faits après la révolution de Juillet, et soutiennent seulement qu'on a dévié; ceux-là sont forcés d'approuver ces premiers pas, car ils ont marché tout d'abord dans ce sens; ils ont fait les premiers pas, ils ont mis la main à ce système, et ils manquent de logique lorsqu'ils blâment les continuateurs du système.

Les autres se sont tenus à l'écart sans s'être mêlés aux événemens, rêvant à leurs théories, et, après de longues spéculations, voyant la société troublée un jour, ils sont venus nous expliquer pourquoi et comment on s'était trompé en s'écartant de la route qu'on devait suivre.

Or, nous pensons que d'une part les premiers pas ont été légitimes; et de l'autre, qu'on n'a pas dévié, mais qu'au contraire, on a suivi la marche qui résultait des circonstances.

Veut-on savoir ce qu'il fallait à la France en 1830, ce qu'elle demandait en 1830? qu'on se reporte aux faits, c'est-à-dire aux discours, aux proclamations, aux ordres du jour émanés de ceux qui dirigeaient alors la société, et qui la dirigeaient parce qu'ils se trouvaient être les représentans de ses besoins.

Eh bien, que disent tous ces discours, toutes ces proclamations ces ordres du jour? etc.

Parlent-ils de suffrage universel et d'assemblées primaires ?

« Dans trois jours, la Chambre sera en séance régulière, conformément au mandat de ses commettans, pour s'occuper de ses devoirs patriotiques, rendus plus importans et plus étendus encore par les circonstances. »

(LAFAYETTE aux Citoyens de Paris, 31 juillet 1830.)

« Nous avons été au-delà de notre mandat rpimitif; mais les circonstances nous ont investis d'un autre mandat.

(BENJAMIN-CONSTANT. Chambre des Députés,
3 août 1830.)

Soutiendra-t-on que la France a été surprise, qu'il y a eu fraude, et qu'on a profité d'un moment de confusion et de troubles, pour *escamoter* au peuple la révolution de Juillet ?

« J'ai parcouru les rues de la capitale, et partout j'ai trouvé une population pleine d'enthousiasme et d'énergie, mais éclairée et pleine de confiance dans la sagesse et le patriotisme de ses Députés. »

(BENJAMIN-CONSTANT, Chambre des Députés,
31 juillet 1830.)

Accusera-t-on les Députés d'avoir outre-passé leurs pouvoirs? mais pourquoi les a-t-on laissés faire? pourquoi les hommes qui se sont insurgés au mois de juin 1832, ne s'opposaient-ils pas à ces Députés en 1830, alors qu'il n'y avait aucune force matérielle pour soutenir le Pouvoir, et pour résister à ceux qui auraient voulu une autre forme de gouvernement?

Dira-t-on que les Députés avaient seulement le droit de faire une loi transitoire, remettant à une Chambre plus légitime le droit de faire une Constitution ?

« Si d'ailleurs notre mandat est mort, nous n'avons pas plus le droit de faire une loi transitoire qu'une loi définitive. »

(BENJAMIN-CONSTANT, Chambre des Députés ,
30 août 1830.)

Dira-t-on que la monarchie de Juillet n'était pas le vœu de la France de 1830 ?

« Nous ne connaissons qu'une espèce de gouvernement, celui d'intérêt général ; nous l'avons maintenant, aussi nous sommes satisfaits. Nous savons que le meilleur gouvernement est celui qui est basé sur les mœurs d'une nation , et c'est aussi celui que nous avons. La France a manifesté son vœu à cet égard, d'une manière non-équivoque. Nous avons juré fidélité au gouvernement et nous ne jurons pas en vain ; il n'aura jamais d'amis plus sincères que nous. »

(M. AUDRY-DE-PUYRAVEAU, Chambre des Députés,
6 septembre 1830.)

Dira-t-on que la France voulait la propagande ?

« Le principe de la non-intervention avait le double avantage de faire respecter la liberté partout, mais de ne hâter sa venue nulle part, parce que l'expérience a prouvé que dans tous pays, la liberté apportée par l'étranger, est un présent aussi funeste que le despotisme. »

(M. Lafitte, chambre des Députés,
27 décembre 1830.)

Dira-t-on que la France voulait la guerre?

« Le drapeau tricolore n'est aujourd'hui qu'un emblême d'ordre et de paix; il est arboré sur nos remparts comme le gardien de notre frontière; qu'il y reste long-temps immobile ! »

(M. Bignon, Chambre des Députés,
13 novembre 1830.)

Dira-t-on que, par le fait de la révolution de Juillet, les traités de 1815 devaient être considérés comme rompus?

« Tout le monde savait que la révolution de 1830 devait être maintenue dans une certaine mesure; il fallait lui concilier l'Europe, en joignant à la dignité une modération soutenue. »

(M. Lafitte, chambre des Députés,
10 novembre 1830.)

On est donc fondé à soutenir que la politique suivie jusqu'à ce jour, soit à l'intérieur, soit à l'extérieur, était bien celle que voulait le pays; et que les besoins de la France en 1830, n'étaient pas ceux qu'on veut bien lui prêter en 1832.

Et, en résumé, de tous les discours, proclamations, ordres du jour, adresses des autorités, soit de Paris, soit des départemens; du langage des journaux du temps, faits sous l'influence des circonstances les plus immédiates; de l'attitude générale de la France, prouvée par ces discours ou ces journaux, qui alors en étaient l'expression, parce qu'alors il n'y avait qu'une pensée unanime, il résulte qu'en 1830, et à compter du 29 juillet, la France voulait, avant tout, l'ordre et la paix; que cet ordre et cette paix, qui étaient l'instinct général de la France, ne pouvaient exister qu'avec la reconnaissance des droits de chacun, sans restriction, ni révision, avec le ménagement des intérêts individuels, et, par un juste équilibre entre le passé et le présent, une juste appréciation du bien et du mal; que la révolution n'a été faite que contre la révolte royale, et seulement pour maintenir le principe qui régissait la société, à l'époque de 1830, c'est-à-dire la Charte, principe qui avait été violé par cette révolte royale, le 25 juillet.

En second lieu, que si la société veut l'ordre et la paix, d'autre part, cette société marche toujours quoiqu'on fasse, sans qu'il soit au pouvoir de personne de la rendre stationnaire ou d'accélérer son mouvement, car toute révolution est fille du temps et non des hommes; et il est permis de croire que si, par exemple, on avait fait le 25 Juillet en 1825 plutôt qu'en 1830, les résultats auraient été différens, parce que les hommes et les choses n'étaient pas les mêmes en 1825 qu'en 1830. Et si enfin, jusqu'à présent, la

France n'a pas marché plus vite, c'est qu'après tout, ce besoin n'était pas au fond de la société, c'est que la société n'était pas mûre pour le progrès, comme l'entendent quelques-uns.

Mais, de ce qu'elle ne court pas, il ne s'ensuit pas qu'elle cesse de marcher. La question du Mouvement et du Juste-Milieu se réduit à une question du plus ou du moins, et, entre ces deux systèmes, la différence est que les partisans du système du Juste-Milieu, qui n'ont jamais nié le Mouvement, ce qui serait absurde et impossible, ont voulu régulariser, et mesurer chaque mouvement qui s'opère chaque jour vers le progrès, de telle sorte que ce soit toujours un mouvement d'ordre, condition essentielle au progrès; de telle sorte encore, que chaque mouvement soit toujours une transition régulière d'un état modéré à un autre état modéré, sans jamais passer par l'état de désorganisation complète ou d'anarchie.

Et, en dernière analyse, à cette révolution si sage et si modérée, si régulière dans le sein même du désordre qui résultait nécessairement du combat, il n'a manqué qu'une chose, c'est de n'avoir pas été parlementaire et seulement parlementaire, c'est d'avoir été forcée d'être violente; car c'est ce qui fait qu'il y a tant de contradictions, tant d'opinions divergentes à l'heure qu'il est; c'est ce qui fait que beaucoup de gens sont toujours prêts à comparer toute insurrection à la grande insurrection, la seule qui soit sainte et légitime, puisqu'elle se faisait au nom des lois.

Ainsi, accuser le Pouvoir des événemens de Juin à cause du système qu'il a suivi, c'est accuser la société toute entière qui a approuvé cette marche, et qui l'a continuellement aidée et soutenue; tandis que c'est plutôt les hommes du système contraire qu'il faudrait accuser, eux qui tendent, chaque jour, au renversement de l'ordre actuel, voulant persuader au peuple que la monarchie de 1830 n'a pas marché dans le sens de la révolution de Juillet par eux seuls dénaturée, par eux seuls pervertie (1).

« Défiez-vous donc de ceux qui veulent entraver et déconsidérer le gouvernement, en tâchant de lui prouver qu'il n'est pas d'accord avec ses principes. La monarchie constitutionnelle, sous Louis-Philippe, est notre dernière arche de salut. » Paroles de Benjamin Constant, 6 novembre 1830.

Qu'il nous soit permis d'ajouter une réflexion relativement à la mise de Paris en état de siége.

Sans examiner la question de légalité, nous remarquerons : 1° Que la mise en état de siége de quatre départemens a été demandée avec instance par tous les journaux de l'Opposition, excepté

(1) On ne croyait pas généralement qu'elle dût sitôt dégénérer en anarchie, et qu'il fallût si tôt se précautionner contre elle.

(M. Lafitte, Chamb. des dép., 10 nov. 1830)

deux (1); que les habitans de ces départemens réclamaient cette mesure comme le seul moyen d'en finir avec la révolte; que même, avant 1832, des pétitions, à cet égard, avaient été adressées à la Chambre des Députés (2); or, ce qu'on croyait légal pour la Vendée, devait-on le croire illégal pour Paris? et ceux qui soutiennent inapplicable pour Paris une mesure qu'ils ont voulue et veulent encore pour quatre départemens de la France, ne donnent-ils pas à croire que, peut-être, ils ont pensé à leurs amis de Paris?

2° Que les plus chauds adversaires de la mise en état de siége pour Paris, qui repoussent cette mesure dans l'intérêt de la Charte et par amour pour la Charte, ont été précisément ceux qui ne reconnaissent pas la Charte de 1830 et l'insultent chaque jour.

3° Que ceux qui crient le plus fort pour la légalité, sont ceux qui ont commencé par faire ou approuver la plus grande des illégalités, savoir, le Compte-rendu; que les mêmes hommes, qui portent aux nues la Cour de Cassation à cause de l'arrêt qu'elle vient de rendre, voulaient, en 1830, en 1831 et en 1832, jeter dehors, comme *corrompus et vendus à tous les pouvoirs*, ces mêmes conseillers, qui, aujourd'hui, ont *sauvé la France*, en *rétablissant* la légalité.

Qu'enfin, c'est quelque chose de risible de voir

(1) Le *National* et le *Commerce*.
(2) Voyez la Séance du 22 Octobre 1831.

les gens qui traitent la mise en état de siége d'illégale, comparer cette mesure aux ordonnances de 1830, comme si, en 1830, et par le fait seul des ordonnances, tous les pouvoirs n'étaient pas suspendus et frappés d'incapacité; comme si, au contraire, en 1832, en raisonnant toujours dans le sens où il y aurait illégalité, il ne restait pas toujours à la Cour de Cassation, ainsi que le fait l'a prouvé, le droit de décider la question, comme dans les affaires ordinaires. Donc, en admettant qu'il y eût illégalité, ce n'était pas un acte arbitraire, puisqu'il y avait un recours, mais c'était une mesure conditionnelle et toujours subordonnée à une circonstance, savoir, au cas de l'approbation ou du rejet de la Cour de Cassation, qui, après tout, a décidé la question à la majorité de deux voix.

Maintenant, si les jurés, qui vont remplacer les Conseils de guerre pour juger des assassins, si les jurés acquittent par peur les hommes qui ont tiré des coups de fusil contre des citoyens, l'avenir seul peut nous apprendre si l'arrêt de la Cour de Cassation a *sauvé la France*.

FIN.